ILLUSTRIERTER FÜHRER MIT REKONSTRUKTIONEN

DAS ANTIKE ROM

wie es war und wie es ist

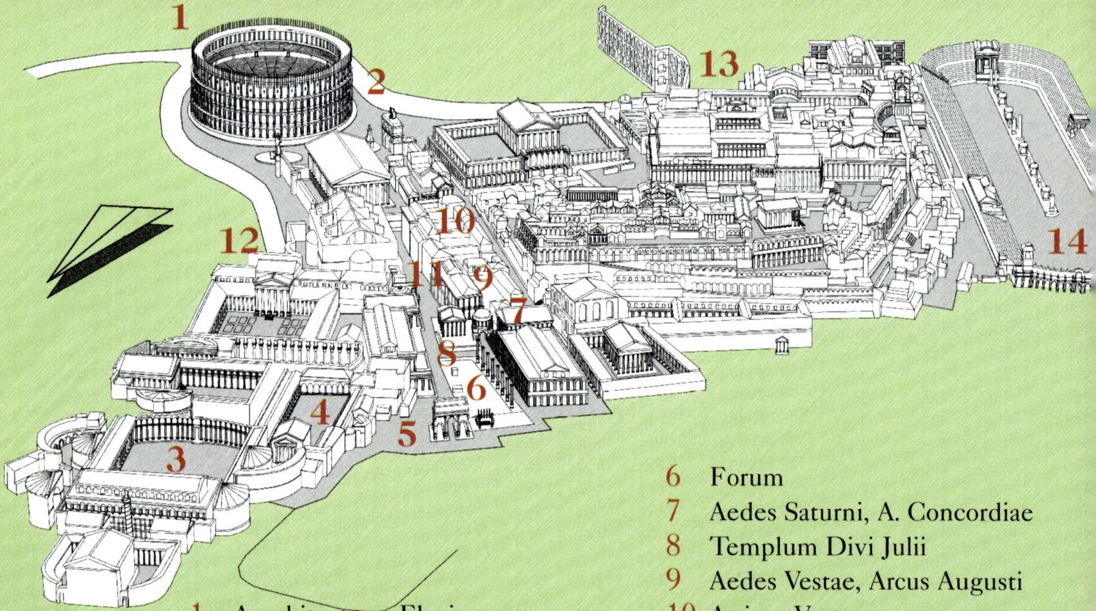

1 Amphiteatrum Flavium
2 Vallis Amphiteatri
3 Forum Traiani, F. Augusti, F. Nervae
4 Forum Julium
5 Forum Romanum
6 Forum
7 Aedes Saturni, A. Concordiae
8 Templum Divi Julii
9 Aedes Vestae, Arcus Augusti
10 Atrium Vestae
11 Templum Divi Romuli
12 Basilica Maxentii
13 Mons Palatinus
14 Circus Maximus

DAS MONUMENTALE ROM

Von der Hüttensiedlung auf dem Palatin zur kosmopolitischen Metropole an den Ufern des Tibers.

Die in den felsigen Untergrund des palatinischen Hügels eingeschnittenen Fußböden von zwei oder drei Hütten und ein Friedhof mit ärmlichen in die Erde eingetieften Gräbern am Rande des Forum Romanum sind die ältesten heute noch sichtbaren "Denkmäler" dessen, was dann zur Urbe, der Stadt schlechthin, geworden ist.

Die Siedlung auf dem Palatin, die Insel und die Furt kontrollierte und sich auch unmittelbar über dem gerade dort auf dem linken Ufer des Flusses entstandenen sehr alten Markt befand, bildete den Kern, um den sich zwischen dem 8. und 7. Jahrhundert v. Chr. die anderen Niederlassungen gruppierten. Dies führte zu einer Anhäufung von Wohnstätten, aus der dann die eigentliche Stadt hervorgehen sollte. Sie war gewiß schon im 6. Jahrhundert v. Chr. zur Wirklichkeit geworden. Von einem Mauerring umzogen und geschützt von einer befestigten Burg auf dem Kapitol, besaß sie einen Flußhafen am Tiber und ein Zentrum für das wirtschaftliche und politische Leben auf dem Forum sowie öffentliche Gebäude und Heiligtümer, vor allen anderen den Tempel des Jupiter Capitolinus.

Im folgenden Jahrhundert wurde auch der Aventin in die Stadt einbezogen. Nach den Zerstörungen, die der plötzliche Galliereinfall verursacht hatte, umschloß in der ersten Hälfte des 4. Jahrhunderts der neue Mauerring einen städ-

tischen Organismus, der sich schon über eine Fläche von mehr als 400 Hektar ausbreitete. Zwischen dem 2. und dem l. Jahrhundert v. Chr. werden nämlich nach den Schemata und Vorbildern der großen Städte des griechischen Orients neue oder vollständig erneuerte "Viertel" geschaffen. Architektonische Lösungen wie die öffentlichen Portiken wurden aus Griechenland übernommen, aber daneben entwickelten sich auch ganz neue Formen wie die forensische Basilika. Die rationale Übernahme und systematische Verwendung von Bogen und Gewölbe nahmen ihren Anfang, was zusammen mit der Technik des op. caementicium die Verwirklichung größerer und funktionstüchtigerer Gebäude ermöglichte wie südlich vom Aventin das neue Hafenviertel des Emporiums, dann zwischen 179 und 142 v. Chr. die erste steinerne Brücke über den Tiber, den Pons Aemilius. Gleichfalls im 2. Jahrhundert begann mit der Errichtung großer Portiken und Tempel die Erschließung des Marsfeldes, das im folgenden Jahrhundert mit den Portiken und dem Theater des Pompejus zu derjenigen Zone wird, nach der die Stoßrichtung der sich ausdehnenden Stadt zielt.
Im l. Jahrhundert v.Chr. wird die städtebauliche Tätigkeit von Sulla über Pompejus bis zu Caesar zu einem genau geplanten politischen Programm der Stadtlenker. Den Tod Caesars überlebte von den großen Bauprojekten nur das neue Forum, was den Auftakt zur Entstehung des Monumentalkomplexes der Kaiserforen bildete.
Caesars Nachfolger Augustus ließ zahlreiche unvollendet gebliebene Bauten (wie die Basilica Iulia und das Marcellustheater, die Curia) fertigstellen und ein anderes Forum bauen. Vor allem ließ er auf dem Marsfeld verstreut und darin von seinen Mitarbeitern (vor allen anderen Agrippa) unterstützt, öffentliche und private Gebäude errichten: vom Theater des Balbus zum Amphitheater des Statilius Taurus, von den Thermen Agrippas zum ersten Pantheon, vom Friedensaltar zur Sonnenuhr, bis hin zu dem grandiosen Mausoleum der kaiserlichen Familie. Derselbe Augustus sollte, indem er auf dem Palatin Wohnung nahm, bestimmend für die Umgestaltung des Hügels in eine einzige großartige kaiserliche Residenz wirken.

Gesamtansicht der Via dei Fori Imperiali und des Kolosseums

Nach der fürchterlichen Feuersbrunst des Jahres 64, während Nero mit der Verwirklichung der "Domus Aurea" beschäftigt war, die große Teile des Stadtzentrums in eine herrliche Villa verwandelte, nahm ein organisch besser durchdachtes Wiederaufbauprogramm seinen Anfang, das aber erst gegen Ende des Jahrhunderts mit der intensiven Bautätigkeit Domitians als beendet angesehen werden konnte und nach dem Vespasian und Titus das Bauwerk errichteten, das zum Wahrzeichen Roms werden sollte: das flavische Amphitheater oder Kolosseum.

Die größte Ausdehnung und intensivste Bautätigkeit der Stadt fallen in das 2. Jahrhundert n.Chr. Aus dieser Zeit stammt das letzte und größte der Kaiserforen, eine neue Thermenanlage, weitere Tempel (darunter der den Göttinnen Venus und Roma geweihte), das neue Pantheon sowie das Mausoleum Hadrians weiter flußabwärts am Tiber und die beiden spektakulären spiralförmigen figurenbedeckten Säulen. In der Privatarchitektur verbreiten sich die mehrstöckigen Häuser (insulae), die auch wirkliche, organisch konzipierte "Stadtviertel" bilden.

Im 3. Jahrhundert trotz des großen Bauprojekts der eindrucksvollen Caracallathermen verlangsamt sich die Bautätigkeit. Im Jahr 275 ließ Aurelian unter der schweren Bedrohung der Barbaren an den Grenzen des Reiches die Stadt Rom mit einem neuen Mauerring umziehen, welches die größte, reichste und monumentalste Stadt, die der Erdboden je getragen hatte, eingrenste.

Der Titusbogen, zur Feier des kaiserlichen Triumphs nach der Eroberung Jerusalems erbaut

Die Bautätigkeit hörte jedoch nicht ganz auf. Mit den Diokletiansthermen und der 312 von Konstantin eingeweihten Basilika des Maxentius wurden zwei weitere aufsehenerregende Kapitel der nunmehr schon über ein Jahrtausend alten römischen Architektur hinzugefügt. Nur drei Jahre später, 315, entstand der vom Senat zu Ehren Konstantins errichtete Bogen unter Wiederverwendung von Teilen aus älteren Denkmälern, was als ein Zeichen dafür zu werten ist, daß jetzt eine ganze Epoche dem Untergang zustrebte. Als derselbe Kaiser dann eine neue Hauptstadt am Ufer des Bosporus schuf, die als "Nova Roma" am 11. Mai des Jahres 330 eingeweiht wurde, konnte diejenige Phase der Stadtplanung und Bautätigkeit der Urbe, die wir mit "antik" bezeichnen, als abgeschlossen gelten.

DAS KOLOSSEUM

In der Mitte des Tals zwischen dem Palatin, dem Caelius und dem Esquilin, wo der künstliche See der Domus Aurea Neros lag, erhebt sich das **Kolosseum** oder richtiger, das flavische Amphitheater. Von seinen Ausmaßen berichten eindringlich die Zahlen: der äußere Umgang hat eine Höhe von fast 50 Metern, die größte Längsachse der Ellipse ist 188, die kleinere 156 Meter lang; verbaut wurden mehr als 100.000 Kubikmeter Travertin und 300 Tonnen Eisen für die Klammern, welche die Blöcke zusammenhielten.
Kurz nach 70 n. Chr. von Vespasian begonnen, wurde das Amphitheater im Jahr 80 von Titus eingeweiht mit einer Reihe von Zeremonien und Vorführungen, die hundert Tage andauerten, in denen fünftausend Raubtiere getötet wurden. Die 80 Arkaden im Erdgeschoß waren fortlaufend numeriert (die Nummern stimmten mit denen auf den "Einlaßkarten" der Besucher überein) und führten in einen doppelten Umgang, von dem man direkt oder durch innere Korridore zu den Treppenaufgängen kam, die durch 160 Öffnungen (*vomitoria*) zu den von Arkaden und Strebebögen getragenen Sitzreihen führten.
Neben dem Amphitheater erhob sich der **Koloß des Nero**, eine gigantische, über 35 m hohe Statue aus vergoldeter Bronze, ein Werk des Griechen Zainodoros, die

den Kaiser darstellte. Nach seinem Tode erhielt sie das Aussehen des Sonnengottes.
Im Innern des Kolosseums befand sich die 76 x 46 m große Arena, deren Boden aus Holzplanken bestand, die mit Sand bestreut waren. Die in drei Ränge eingeteilten Sitzreihen wurden von einer "Logenreihe" bekrönt, die einen vierten Rang mit hölzernen Stufen und Stehplätzen bildete. Jeder Sektor der Sitzreihen war einer besonderen Gruppe von Bürgern bei freiem Eintritt vorbehalten.

Mosaik mit Jagdszenen im Amphitheater (Sousse-Tunesien)

Mit Stehplätzen hatte das Amphitheater eine Fassungskraft von etwa 70.000 Personen, die den Gladiatorenkämpfen und den Tierhetzen sowie kleineren Vorführungen zusahen. Vor den unbarmherzigen Sonnenstrahlen waren die Zuschauer durch ein enormes "velarium" geschützt, das von einer besonders dazu abkommandierten Abteilung von Seesoldaten bewegt wurde, die zu der in Misenum im Golf von Neapel stationierten Kriegsflotte gehörten. Für die Dauer der Darbietungen wurde an der Arena entlang ein hohes robustes Metallnetz gespannt, das von Pfosten getragen war. Auf deren

Spitzen befanden sich Stoßzähne von Elefanten, die als abwehrende Zacken dienten und oben mit Elfenbeinrollen versehen waren, die den Raubtieren das Festhalten unmöglich machten, wenn sie versuchen sollten, das Netz zu überspringen. Als zusätzliche Sicherheit standen zahlreiche Bogenschützen in den Nischen im Podium zu Füßen der Sitzreihen. Die letzte uns bekannte Vorführung fand 523 unter dem Gotenkönig Theoderich statt. Sie beschränkte sich aber auf Tierhetzen, da die Gladiatorenkämpfe schon kurz nach 438, vier Jahrzehnte vor dem Ende des Westreiches, abgeschafft worden waren. Diese Vorführung von 523 war mit größter Sicherheit die absolut letzte einer ununterbrochen andauernden Reihe in einem beinahe viereinhalb Jahrhunderte umfassenden Zeitraum. Unter der Arena des Kolosseums erstreckte sich ein komplexes System von Räumlichkeiten, die wohl unter Domitian erbaut wurden, als man im Amphitheater keine "Seeschlachten" mehr veranstaltete. In diesen unterirdischen Gelassen wurde alles für die Spiele Notwendige vor-

Luftbild des Kolosseums

UNTERIRDISCHE RÄUMLICHKEITEN DES KOLOSSEUMS

1 Spielfläche

2 Balteus

3 Hölzerne Rampe für den Durchgang der Tiere

4 Cavea und Sitzreihen

5 Oberlicht

6 Bedienung der Aufzüge für die Tiere

7 Unterirdisches Niveau

bereitet. Vor allem bei den Tierhetzen war es üblich, ausgesuchte und bühnenwirksame Kulissen anzufertigen, was bis zur künstlichen Herstellung von Hügeln, Wäldchen und kleinen Seen ging.
Für Männer und Tiere hatte man wirkliche "Fahrstühle" ersonnen, die gleichfalls mittels Kontergewichten auf - und niederfuhren. Die Raubtiere wurden von den "Wärtern" in Korridore gedrängt, wo sie in Käfige eintraten, die sich in eigens dafür bestimmten Gelassen befanden. Daneben arbeitete der jeweils von einem oder mehreren Männern bediente Mechanismus, der jeden Käfig auf ein höheres Niveau beförderte. Dort öffnete er sich und die Tiere betraten einen Laufsteg, der mit einer Rampe verbunden war, die zu Luken im Arenaboden führte. Wenn der Deckel dieser Luken sich hob, traten die Raubtiere ins Freie und waren für die Vorführung bereit. Es ist bekannt, daß mit diesem System bei einer bestimmten Gelegenheit hundert Löwen gleichzeitig in die Arena gebracht wurden, deren gemeinsames Brüllen die grölende Menge vor Entsetzen verstummen ließ. Die Gladiatoren konnten die Arena direkt von ihrer "Hauptkaserne" aus, die sich beim Kolosseum befand, durch eine Unterführung betreten.

Die Agonie des hl. Ignatius, im 2. Jahrhundert Bischof in Antiochia, der erste Christ, der im flavischen Amphitheater den Märtyrertod erlitt

DER PLATZ VOR DEM KOLOSSEUM

Von dem riesigen Baukörper des Amphitheaters beherrscht, erreichte **der Platz vor dem Kolosseum** sein endgültiges monumentales Aussehen, das sich im wesentlichen bis in unsere Tage erhalten hat, mit dem Bau des **Tempels der Venus und Roma**. Dem Willen des Kaisers Hadrian entsprechend und vielleicht auch von ihm selbst geplant, wurde der Tempel der göttlichen "Stammutter" Roms und der Stadt selbst, der Herrin der Welt, im Jahr 135 n. Chr. geweiht. Nach einem Brand ließ ihn Maxentius um 310 wiedererbauen. Mit seinen zwei Cellen, deren Apsiden rückwärts aneinanderstießen, erhob sich der Tempel im Mittelpunkt einer großen Terrasse auf der Velia, die an zwei Seiten von Portiken umzogen war. Dieser Hügel erstreckte sich damals vom Palatin bis jenseits der heutigen Via dei Fori Imperiali zum Esquilin. Für den Tempelbau mußte abgerissen werden, was noch von dem "Vestibül" der Domus Aurea übrig war. Um den dort befindlichen **Koloß des Nero** zu versetzen, waren 24 Elefanten nötig, die man zu Paaren zusammengespannt hatte. Am Anfang der "Via Sacra", die bei dem Platz am Kolosseum begann und zum Forum hinunterführte, wurde im 1. Jahrhundert n.Chr. ein Brunnen gebaut, dessen Form den *metae* im Zirkus, die von den Wagen umrundet wurden, ähnlich sah, und den man deshalb **Meta Sudans** nannte.
Das letzte Denkmal, das den großen Platz bereicherte, war der **Konstantinsbogen**. Einem Dekret des Jahres 312 zufolge wurde er, wie die Inschrift besagt, vom Senat und dem Volk von Rom zu Ehren des Kaisers errichtet, der Rom von dem "Tyrannen" Maxentius befreit und in der Schlacht an der Milvischen Brücke besiegt hatte. Einzigartig an dem Bogen ist der reiche Schmuck an Statuen und Reliefs, die von älteren Denkmälern der Kaiser Trajan, Hadrian und Marc Aurel abgenommen wurden. Nur die horizontal angebrachten Täfelchen über den kleineren Durchgängen und auf beiden Außenseiten des Denkmals ließ man ausdrücklich für den Konstantinsbogen anfertigen, um Episoden aus den "Taten" des Kaisers darzustellen.

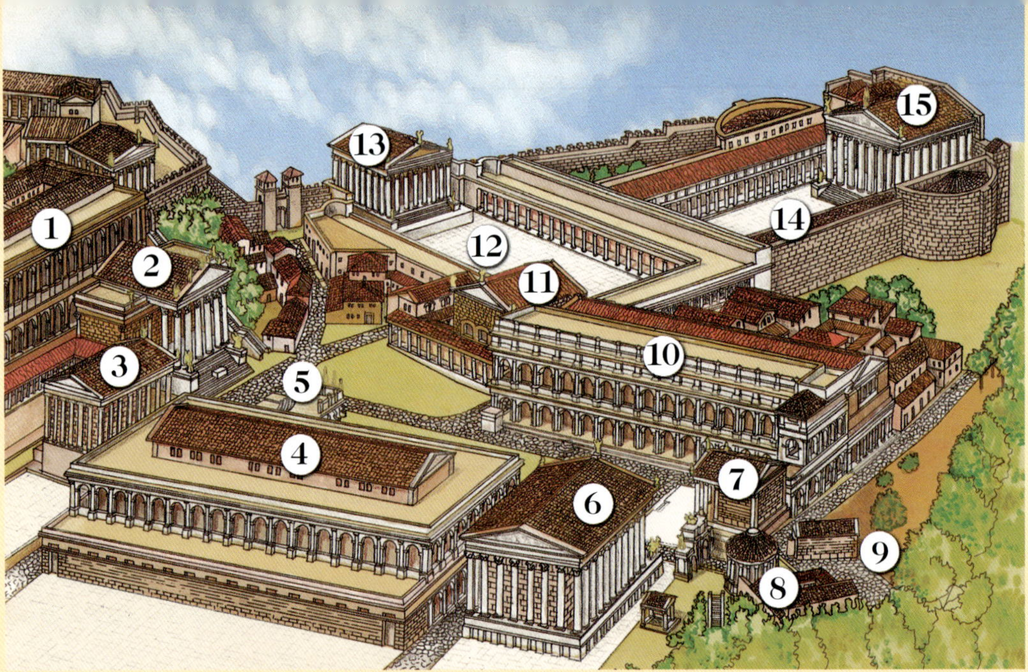

DAS FORUM ROMANUM ZUR ZEIT DES AUGUSTUS

1 – *Das Tabularium*
2 – Der Concordiatempel
3 – Der Saturntempel
4 – Die Basilica Iulia
5 – *Die Rostra*
6 – Der Castortempel
7 – Der Tempel des vergöttlichten Caesar (Divus Iulius)
8 – Der Vestatempel
9 – *Die Regia*
10 – Die Basilica Aemilia
11 – Die Kurie
12 – Das Caesarforum
13 – Der Tempel der Venus Genetrix
14 – Das Augustusforum
15 – Der Tempel des Mars Ultor

DAS FORUM ROMANUM

Das Forum Romanum, während der ganzen Republik ein Zentrum der Religion, Politik, Rechtsprechung und des Handels, war bis zum Ende der antiken Welt ein monumentaler Ort "heiliger Erinnerungen" und verdankt seinen Ursprung der Umgestaltung der primitiven Ansiedlungen auf den Höhen der umliegenden Hügel in einen städtischen Organismus.

Auch das zwischen Palatin, Kapitol und den letzten Ausläufern von Quirinal und Viminal gelegene Tal des Forums hatte, obwohl nur am Rande, seit der ausgehenden Bronzezeit bis zum Beginn der Eisenzeit bescheidene Dörfer mit Hütten und einen ausgedehnten Friedhof besessen. Dann wurde es gegen Ende des 7. Jahrhunderts v. Chr., nachdem die ***Cloaca Maxima*** für die Trockenlegung gesorgt hatte, begrenzt und gepflastert.

Seit dieser Zeit, als der zu Füßen der Kapitolinischen Arx liegende Teil des Tales mit der Entstehung des **Comitiums** für die Volksversammlungen und der **Kurie** für die Zusammenkünfte des Senats zum Ort politischer Entscheidungen wurde, übernahm der größere Teil des eigentlichen ***Forum*** die Rolle der "Piazza", wo sich neben Läden und Märkten die ältesten Heiligtümer der Stadt befanden, die der **Vesta**, dem **Saturn**, **Janus** und den **Dioskuren** geweiht waren.

Ein Komplex von kleinen Denkmälern (ein Altar, eine Ehrensäule und ein Cippus mit einer auf das 6. Jahrhundert v. Chr. zurückgehenden Inschrift), wurde als "Grab" des mythischen Stadtgründers Romulus angesehen und durch große Platten aus schwarzem Stein (***Lapis Niger***) geschützt.
Die "**Via Sacra**" durchquerte den Platz in seiner ganzen Länge, um bis zum Jupitertempel auf dem Kapitol hinaufzuziehen.
Im Laufe des 2. Jahrhunderts v.Chr. prägte der Bau der ersten **Basiliken** (*Porcia*, die älteste, *Opimia*, *Sempronia* und vor allem die *Aemilia*) den Charakter des Forums als Zentrum des politischen Lebens und der Verwaltung, womit das Forum sein endgültiges Gesicht anzunehmen begann. Dieses erreichte der Platz durch den Bau des ***Tabularium***, Sitz des Staatsarchivs (80 v.Chr.), an den Abhängen des Kapitols, die Verlegung der Kurie und der

Detail des Tabulariums, das im 1. Jh. v.Chr. höchstwahrscheinlich durch den Architekten Lucius Cornelius erbaut wurde und Sitz des Staatsarchivs war

Der Platz von dem Forum, Rekonstruktion

PROPAGATVM

Rostra (die Tribüne, von der die Magistrate zum Volk sprachen) und den Bau der ***Basilica Iulia*** gegenüber der Basilica Aemilia durch Caesar, die die Längsseiten abschlossen und die Errichtung des von Augustus gewollten Tempels zu Ehren des vergöttlichten Caesars, der die vierte Seite einnahm.
Die Struktur des Platzes blieb lange unverändert. Die Errichtung neuer Bauwerke wie der Vespasian und Titus geweihte Tempel und der **Tempel des Antoninus Pius und der Faustina**, von Antoninus Pius zu Ehren seiner Frau Faustina, die im Jahre 141 n.Chr. starb, gewollt und später vom Senat auch dem Kaiser geweiht wurde, paßten sich der augusteischen Anordnung an, ohne sie zu verändern. Das einzige nicht passende Element war das riesige Reiterdenkmal des Domizian, welches sich im Zentrum des Platzes befand.
Nur ab dem 3. Jahrhuntert n.Chr. wurde das Forum von vielen Gedenk- und Ehrenstätten

Detailansicht des Forums: im Vordergrund die Säulen des Castortempels, im Hintergrund der Bogen des Septimius Severus

eingenommen: der **Septimius-Severus Bogen**, zwischen den *Rostra* und der Kurie, die **sieben Ehrensäulen**, die entlang der südlichen Seite des Platzes gegenüber der Basilica Iulia aufgestellt wurden, die **Monumente** zu Ehren der **Zehnjahresfeier** zu Ehren der **Tetrarchie**.

Die Ehrensäule des byzantinischen Kaisers Phokas war das letzte Denkmal, das im Jahr 608 auf dem Forum aufgestellt wurde in einem Moment, als die tausendjährige Geschichte des bedeutungsträchtigsten Ortes in Rom schon einige Zeit zuvor ihr Ende gefunden hatte.

Titusbogen: der Triumph des Titus mit den heiligen Gerätschaften aus dem Tempel in Jerusalem

Ein sehr lebendiges Bild von dem Leben, das sich in republikanischer Zeit auf dem Forum abspielte, gibt uns Plautus in seiner Komödie "*Curculio*", die die wichtigsten Stätten auf dem Forum und die Eigenart einer jeden entsprechend den Menschen, die dort ein- und ausgehen, hervorhebt. „Dort im Comitium, wo die Richter sitzen und die Redner von der Tribüne sprechen, siehst du die Meineidigen, die Lügner und die Prahlhänse; bei der Statue des Marsyas auf dem Platz die Advokaten, die streitenden Parteien und die Zeugen; bei den alten und neuen Läden nahe der Basilika die Dirnen, die

Bankiers, die Wucherer und Makler; auf dem unteren Forum die ernsthaften und rechtschaffenen Leute, die ruhig ihre Unterhaltungen führen; auf dem mittleren Forum bei dem Kanal die Kanaillen (*canalicolae*), die Schmarotzer, die von den Reichen ein Trinkgeld erwarten, die Schnattermäuler und die Betrunkenen; auf dem oberen Forum die Schwätzer und Lästerzungen. Hinter dem Dioskurentempel und am *vicus* Tuscus trifft sich, was ekelhaft ist und einen schlechten Ruf hat; im Velabrium sind die Bäcker und Fleischer, die Haruspices und die Kinäden; bei der Iuthurnaquelle sitzen die Kranken, um das wunderwirkende Wasser zu trinken; auf dem nahen Fischmarkt gehen die Feinschmecker umher. Und überall finden sich Scharen von Nichtstuern und Strolchen, die "*forenses*", die, wenn sie sich nicht dem Glücksspiel hingeben, falsche Nachrichten verbreiten

Blick vom Palatin über das östliche Teil des Forum Romanum

Dekennalienbasis: Relief mit Darstellung einer Opferprozession

und mit der größten Wichtigtuerei über die Handlungen der Regierung richten".
Aber neben diesem täglichen ungezwungenen Leben gab es auf dem Forum stets die Kundgebungen eines anderen, mehr oder weniger "offiziellen" Lebens. Übrigens hatten dort die hohen Würdenträger ihren Amtssitz: die Konsuln und Senatoren in der Kurie, die Volkstribunen im Comitium, die Prätoren in den Tribunalen. Von der Tribüne der Rostra sprachen die Magistrate und Bewerber um öffentliche Ämter zu der Menge, im Comitium

Tempel des Antoninus und der Faustina, Detail des Pronaos

wählte das Volk die Magistrate und in der Kurie versammelte sich der Senat. Die Triumphzüge und religiösen Prozessionen gingen über die Via Sacra, und auf ihr bewegten sich auch die großen Leichenzüge, die zuweilen vor den Rostra anhielten, wo die Trauerreden für den Verstorbenen gehalten wurden. Berühmt ist jene, die Marcus Antonius im Gedenken an Caesar hielt. Vor der Errichtung der Amphitheater fanden auf dem Platz die "Gladiatorenspiele" statt, welche gratis dargeboten wurden. Berühmt geblieben ist ein von Caesar als Ädil 65 v.Ch. gegebener Kampf, an dem 320 Gladiatorenpaare teil-

Das Forum Romanum von Süden h gesehen: Detail der Ehrensäulen

nahmen. Doch ebenso berühmt muß das gleichfalls von Caesar für seinen vierfachen Triumph im Jahr 45 v.Ch. gegebene Bankett gewesen sein, bei dem an mehreren Tagen hintereinander zweiundzwanzigtausend Tischgäste speisten.

Nachtansicht des Forum Romanum: im Vordergrund der Saturntempel

DER TEMPEL DES SATURN UND DER CONCORDIATEMPEL

Gegen Ende der Königszeit begonnen und in der frühen Republik (498/97 v.Chr.) geweiht, war der **Saturntempel** eins der ältesten Heiligtümer Roms. Das in seinen Resten erhaltene Aussehen geht jedoch auf die Restaurierung am Ende des 3.J ahrhunderts n.Chr. zurück, die sich nach einem Brand als nötig erwiesen hatte. Im Innern seines hohen Podiums wurde in einem dafür vorgesehenen Gelaß das ***Aerarium*** oder der Staatsschatz aufbewahrt.

Zu Füßen des Tempels ließ Augustus 20 v.Chr. die Säule des ***Miliarium Aureum*** errichten, um die herum in Bronzelettern die Entfernungen der wichtigsten Städte des Reiches von Rom aufgezeichnet waren. An demselben Punkt, der als Zentrum (*umbilicus*) Roms angesehen wurde, nahm der ***Clivus Capitolinus*** seinen Ausgang, der in Verlängerung der Via Sacra auf das Kapitol bis zum Jupitertempel hinaufzog. Er führte vor dem **Tempel des Vespasian und des Titus** vorüber, den Titus für seinen vergöttlichten Vater begonnen hatte, und den sein Bruder und Nachfolger Domitian, auch ihm zu Ehren, zu Ende baute. Weiterhin berührte der Clivus Capitolinus auch die ***Porticus Deorum Consentium***, wo die Statuen der zwölf höchsten olympischen Götter in sechs Paaren aufgestellt waren.

Neben dem Vespasianstempel war der **Concordiatempel** gegen das Tabularium als Sitz des Staatsarchivs gesetzt. Seine Gründung wird Marcus Furius Camillus zugeschrieben, der ihn 367 v.Chr. gebaut haben soll, um an die stattgefundene Versöhnung zwischen Patriziern und Plebejern zu erinnern. Mehrfach restauriert und zuletzt von Tiberius ganz neu erbaut, zeigte er die einmalige Lösung, daß seiner Cella ein Pronaos mit sechs in der Länge ausgerichteten Säulen vorgelegt war. Die Alten erinnerten sich, daß der Tempel zahlreiche Werke berühmter Künstler, vor allem Griechen, barg, die ihn in ein echtes "Museum" verwandelten.

Auf dieser Seite und gegen den Platz hin stand die **Tribüne der Rostra**, die mit Bronzespornen geschmückt war, welche man im 4. Jh. den Schiffen aus Volsci abgenommen hatte.

Gegenüber dem Concordiatempel erhebt sich der **Bogen des Septimius Severus**, den der Senat und das Volk von Rom 202 errichten ließ, um damit dieses Kaisers zu gedenken, der die Grenzen des Reiches bis nach Mesopotamien vorgeschoben hatte.

DIE BASILICA AEMILIA

Der sich direkt an dem Forumsplatz erhebenden **Basilica Aemilia**, die eine seiner Langseiten begrenzte, folgte jenseits der uralten Via Argiletum das **Kuriengebäude**, hinter dem zu Füßen der mächtigen, teilweise von dem Severusbogen verdeckten kapitolinischen Arx sich der **Tullianische** (oder "Mamertinische") **Kerker** befand, über dem der Tempel der Juno Moneta herausragte.

Die Basilica Aemilia hatte die Aufgabe, den Forumsbesuchern einen angemessenen, vor Sonne und Regen geschützten Ort anzubieten, der während der Wintermonate und bei schlechtem Wetter wenigstens einen Teil der sich sonst unter freiem Himmel abspielenden Funktionen, vor allem die mit der Rechtspflege und dem Abschluß von

Basilica Aemilia, Relief mit Darstellung eines Stierkopfes

Geschäften verbundenen, übernehmen konnte.
Der Bau wurde 179 v.Chr. von den Zensoren Marcus Aemilius Lepidus und Marcus Fulvius Nobilior hinter einer Reihe von *tabernae* errichtet, in denen die Bankiers ihre Geschäfte abwickelten. Sie wurde mehrfach restauriert, zuletzt 14 v.Chr. von Augustus und dann 22 n.Chr. von Tiberius, und bezog schließlich diese *tabernae* in die im Erdgeschoß befindliche Portikus ein. Ihre sechzehn Bögen ruhten auf Pfeilern, denen Halbsäulen vorgelegt waren. Das Obergeschoß besaß eine gleichartige Portikus. Der durch Säulenreihen in vier Schiffe unterteilte Innenraum hatte einen reichen Marmorfußboden aus augusteischer Zeit. Auf ihm sind noch Spuren des Feuers zu sehen, dem die Basilika während der Plünderung Roms durch die Westgoten Alarichs im Jahr 410 zum Opfer fiel.
Vor seiner Treppe war eine kleine Rundkapelle der Cloacina,

Basilica Aemilia, Eingangsbogen

der Gottheit der Cloaca Maxima geweiht, die darunter verläuft. Hier soll die Versöhnung und Reinigung der römischen und sabinischen Soldaten nach der Schlacht auf dem Forum im Anschluß an den berühmten "Raub" der Frauen erfolgt sein.

Basilica Aemilia: Fries mit Legenden vom Ursprung Roms

CAESAR UND DIOSKURENTEMPEL

Gleich nach der Ermordung Caesars, am 15. März des Jahres 44. v. Chr., ließ der Senat eine Ehrensäule und einen Altar an dem Ort aufstellen, wo man den Leib des Diktators verbrannt hatte. Octavian, Caesars Adoptivsohn und Erbe, begann aber erst 31 v. Chr., hier einen **Tempel** zu bauen, der im Jahre 29 vollendet war und dem **Divus Iulius** geweiht wurde. In dem Sockel des Tempels wurde dann eine Nische ausgespart und später zugemauert, die den nicht zerstörten älteren Altar aufnahm. Darüber erhob sich eine Tribüne, die mit den Rammspornen geschmückt war, die man von den Schiffen des Antonius und der Kleopatra nach der Schlacht von Actium abgenommen hatte. An den Seiten des Tempels befanden sich zwei Ehrenbögen, von denen der erste an der Südseite der Schlacht bei Actium gedachte, während der andere auf der entgegengesetzten Seite vom Senat errichtet worden war, um die Rückgabe der Legionsinsignien an Augustus, die in der Schlacht bei Carrhae dem Triumvir Crassus von den Partern entwendet worden waren, zu feiern und der später wahrscheinlich seinen beiden Neffen und Erbprinzen Gaius und Lucius Caesari gewidmet wurde.

Neben dem Caesartempel hatte schon seit Beginn des 5. Jahrhunderts v. Chr. der **Dioskurentempel** gestanden, dessen Bau mit einer Legende verknüpft ist. Während einer Schlacht, in der die Römer den vereinigten Etruskern und Latinern gegenüberstanden, ritten zwei Jünglinge von außerordentlicher Schönheit mit eingelegten Lanzen vor der römischen Kavallerie einher und führten sie zum Sieg. Fast gleichzeitig sah man zwei

Marmorportrait der Königin Kleopatra (Berlin, Staatliche Museen)

ebensolche Jünglinge auf dem Forum, wo sie ihre Pferde an der Iuthurnaquelle tränkten. Wer sie nach Auskünften über den Hergang der Schlacht befragte, dem antworteten sie, auf welche Weise die Römer gewonnen hätten. Dann verschwanden sie, und alle waren der Meinung, daß die beiden Jünglinge die Dioskuren Castor und Pollux waren. Söhne des Jupiter.

Aulus Posthumius Albinus, der die römische Kavallerie am Tage der wunderbaren Erscheinung, dem 15. Juli des Jahres 499 v. Chr., kommandierte, gelobte deshalb den göttlichen Zwillingen den Bau eines Tempels, den sein Sohn fünfzehn Jahre später weihte. Mehrfach restauriert und wiedererbaut, nahm der Tempel unter Tiberius 6 n. Chr. die architektonischen Formen an, wie sie heute an den drei noch erhaltenen Säulen kenntlich sind, die immer aufrecht standen. In dem hohen Unterbau öffneten sich zwischen den Säulengründungen zahlreiche *tabernae* oder Läden von Juwelieren, Geldwechslern und sogar Barbieren.

VESTATEMPEL UND AUGUSTUSBOGEN

Goldmünze mit Porträt des Kaisers Augustus

Wo der Forumsplatz zum Palatin hin ansteigt, erhob sich der Tempel, der für die Stadt und ihre Bewohner die allergrößte Bedeutung hatte und der Göttin des "Staatsfeuers des römischen Volkes" geweiht war, der **Vestatempel**. In dem von der Überlieferung dem König Numa Pompilius zugeschriebenen Tempel hüteten die Vestalinnen das ständig brennende heilige Feuer, welches Ausdruck und Symbol für die Fortdauer Roms war. In dem verborgensten inneren Teil des Tempels wurden außerdem heilige Geräte rituell aufbewahrt, unter denen sich das Palladium als Abbild der Minerva befand, das Aeneas aus Troja mitgebracht haben soll, um das Bestehen des Reiches zu gewährleisten.

Wahrscheinlich war der Tempel, weil nach dem Vorbild der Hütte als ältester Wohnstätte entstanden, rund und oben offen, damit der Rauch abziehen konnte. Zum letzten Mal ließ ihn Julia Domna, die Gemahlin des Septimius Severus, gegen Ende des 2. Jahrhunderts wiedererbauen. Gegenüber dem Vestatempel erhob sich der **Augustusbogen**, vor dem sich ein kleiner Brunnen mit einem runden Marmorbecken befand. Den Bogen ließ der Senat errichten, um damit an den Sieg des Augustus über Antonius und Kleopatra im Jahr 31 v.Chr. bei Actium zu erinnern. Der Bogen hatte drei Durchgänge, von denen der Mittlere von einem Tonnengewölbe bedeckt war. Im Bogendurchgang waren in eigens dafür vorgesehenen Marmorfeldern die Namen der Konsuln und Feldherrn eingeschnitten, denen seit Anbeginn der Republik die Ehrung eines Triumphes zuteilgeworden war. Im Hintergrund, wo der eindrucksvolle Baukörper des **Dioskurentempels** den Bogen überragte, sahen die kaiserlichen Paläste vom Palatin auf das Forum herunter.

Aureus mit dem Porträt von Antonius

DAS HAUS DER VESTALINNEN

Neben dem Vestatempel gelegen, war das **Haus der Vestalinnen** Residenz und offizieller Sitz der zur Überwachung des im Tempel brennenden heiligen Feuers und der Durchführung aller damit verbundenen Riten berufenen Priesterinnen. Es waren immer sechs Vestalinnen, die zwischen ihrem sechsten und zehnten Lebensjahr für dieses Priesteramt ausgewählt wurden. Ihr Dienst währte dreißig Jahre, in denen sie das Keuschheitsgebot beachten mußten. Der Pontifex Maximus loste unter zwanzig Mädchen

aus den Patrizierfamilien die “Novizen” aus. Später waren auch Mädchen aus Plebejerfamilien zu diesem hohen Amt zugelassen.
Die Vestalinnen erhielten vom Staat eine ansehnliche Mitgift und große Ehrungen, u. a. die, wie die höchsten Beamten von Liktoren begleitet zu werden. Ihre geheiligte Würde war so groß, daß ein zum Tode Verurteilter, der am Tage seiner Hinrichtung einer Vestalin begegnete, begnadigt wurde. Aber Priesterinnen, die das heilige Feuer ausgehen ließen oder dem Keuschheitsgebot zuwidergehandelt hatten, wurden mit einem Brot und einem Lämpchen lebend begraben in einem kleinen unterirdischen Raum, der sich bei dem “Feld des Frevels” außerhalb der Mauern auf dem Quirinal befand.
Das nicht zu Unrecht als Prototyp moderner Klöster bezeichnete Haus gliederte sich um einen weiten Hof, mit Garten und Portiken. Auf sie öffneten sich die Räumlichkeiten für den Aufenthalt der Vestalinnen

Gesamtansicht des Hauses der Vestalinnen, vom Palatin gesehen

und für das mit Dienstleistungen beauftragte Personal. Das in allem autarke Haus verfügte u.a. über eine Küche, eine Mühle und einen Backofen, die noch erkennbar sind. Im Oberstock lagen die Privatzimmer mit Bädern und Heizanlagen, während sich an der Hauptseite im Erdgeschoß eine den Laren geweihte Kapelle befand. Neben ihr lagen auf jeder Seite drei Zimmer, von denen wohl jedes einer Vestalin gehörte. Auf der gegenüberliegenden Seite befand sich ein großer Raum, der als "Triclinium" identifiziert wird.

Das unregelmäßig geformte Gebäude, welches sich südlich vom Hause der Vestalinnen befindet, war die **Regia** und der Tradition nach erst der Wohnsitz des Königs Numa und später der des Pontifex Maximus bis es Augustus den Vestalinnen schenkte. Dem Hause der Vestalinnen gegenüber auf der anderen Seite der Via Sacra steht ein mächtiges Gebäude mit rundem Mittelkörper, der von einem Kuppeldach bedeckt ist und dessen konkave Fassade mit zwei seitlichen Bauteilen von vier Nischen unterbrochen wird, die zur Aufnahme von Statuen gedacht waren. Das Portal ist von zwei aus Porphyr gemeißelten Säulen mit Kapitelen aus weißem Marmor flankiert. Die große völlig erhaltene

Der sog. Tempel des Divus Romulus. Die große Bronzetür ist original

Bronzetür ist noch im Originalzustand. Dieses Gebäude wird üblicherweise als **Tempel des Divus Romulus**, des jungen, im Jahre 307 n.Chr. verstorbenen und vergöttlichten Sohnes von Maxentius bezeichnet. Gleichwohl ist auch eine andere Identifizierung möglich, über die noch diskutiert wird, denn wahrscheinlich handelt es sich um den Umbau eines älteren Tempelgebäudes.

Die Maxentiusbasilika, Detail der Nordseite

DIE MAXENTIUS BASILIKA

Kaiser Maxentius sah die Vollendung seiner **Basilika** nicht mehr. Der Tod ereilte ihn im Tiber bei der Milvischen Brücke im Verlauf der berühmten Schlacht von 312, die er gegen Konstantin verlor. Dieser Kaiser war es auch, der die letzte und größte aller römischen Basiliken einweihte, nachdem er daran einige Veränderungen hatte vornehmen lassen. Die Basilika war auf einer großen künstlichen Terrasse neben der Velia gegründet an der Stelle, die eine dreifache Portikus eingenommen hatte, die als Vestibül zur *Domus Aurea* Neros gehörte und später in ein "Magazin" für exotische Güter und Luxuswaren aus dem Orient umgebaut wurde.

Die drei Schiffe hatten nicht, wie üblich,

eine flache Balkendecke, die auf Säulen ruhte, sondern waren von Kreuzgewölben überspannt, die auf Pfeilern lagen, wie man es schon seit über einem Jahrhundert von den großen "Basiliken" der Thermen kannte.

Dadurch wurde es möglich, daß das Mittelschiff in außerordentlich einfacher Weise und mit letzter räumlicher Klarheit auf 35 m Höhe bis zu den Deckenrosetten anstieg, die das Gesamtbild in einer wundervollen Harmonie zusammenschlossen. Ende des 4. Jahrhunderts wurde ein neuer Eingang auf der Seite zur Via Sacra gebaut.

Die Hinzufügung einer tiefen Nischenapsis in der Mittelarkade des rechten Seitenschiffes bestimmten aber eine neue perspektivische Achse, die quer zu der ersten verlief.

Ein Erdbeben, von dem Petrarca spricht, ließ 1349 die herrlichen Gewölbe einstürzen und nur eine der acht 20 m hohen Säulen, die den Pfeilern vorgelegt waren, blieb an ihrem Platz bis zum Jahre 1614, als Papst Paul V. sie von sechzig Pferden zur Piazza Santa Maria Maggiore bringen ließ.

Porträtstatue des Kaisers Maxentius

DIE KAISERFOREN

Die Notwendigkeit, das alte politische und administrative Zentrum der Stadt und des Staates den neuen Anforderungen anzupassen, es zu vergrößern und ihm ein herrlicheres und edleres Aussehen zu geben, führte am Ende der republikanischen Zeit zur Schaffung der **Kaiserforen**.

Als erster dachte Caesar 54 v.Chr. daran, den alten "Platz" des Forum Romanum zu erweitern, indem er zu Füßen der Kapitolinischen Festung einen neuen schuf. So enstand ein neues Forum, das später den Namen des Diktators (***Forum Iulium***) erhielt. Es besaß die regelmäßige, den öffentlichen Plätzen der großen hellenistischen Städte nachempfundene Form eines langgezogenen Rechtecks mit Säulengängen an drei Seiten und am Ende des Platzes einen Tempel in der Mitte der Wand.

Auch der von Augustus 50 Jahre später in Auftrag gegebene Bau eines Forums benutzte das gleiche Schema und nahm östlich vom Caesarforum direkt neben dem populären Viertel der Suburra ein etwa ebenso großes Gelände ein. So wie das Caesarforum vor ihm wurde auch dieses durch eine hohe Brandmauer gegen die häufigen Brände in der Suburra geschützt. Die einzige Neuheit des **Augustusforums** lag in der Gestaltung seiner seitlich des Tempels sich befindenden Längsseiten, wo die Säulengänge durch große Exedren ersetzt waren,

DAS FORUM ROMANUM UND DIE KAISERFOREN

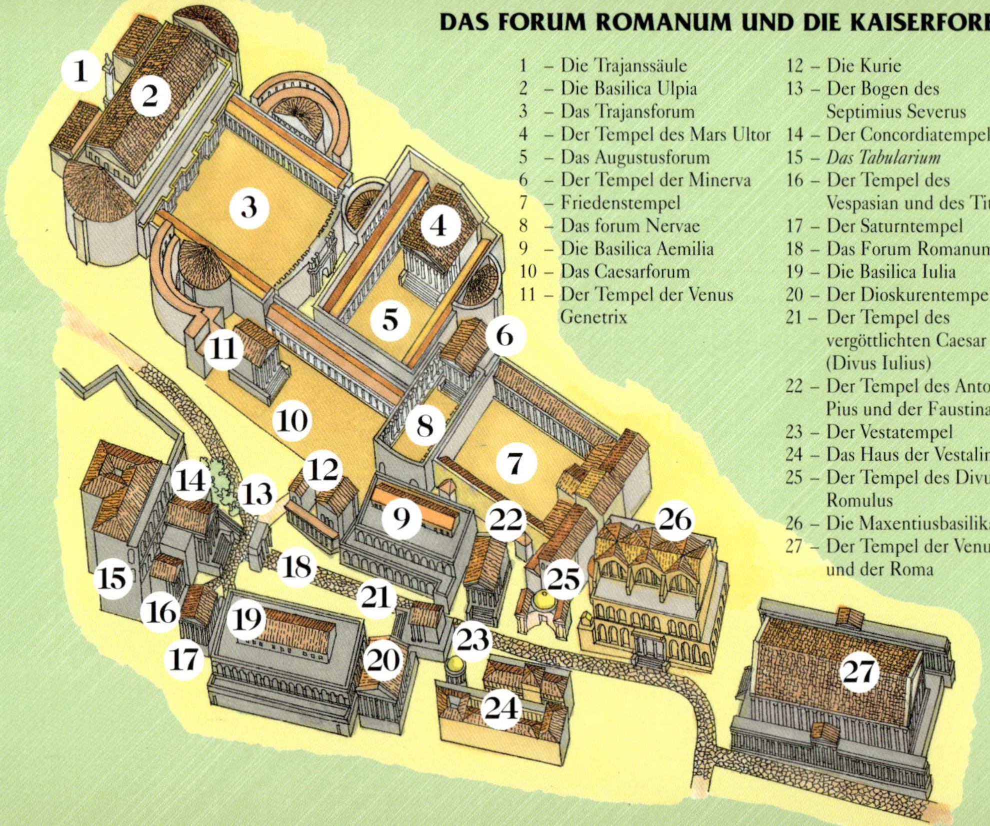

1 – Die Trajanssäule
2 – Die Basilica Ulpia
3 – Das Trajansforum
4 – Der Tempel des Mars Ultor
5 – Das Augustusforum
6 – Der Tempel der Minerva
7 – Friedenstempel
8 – Das forum Nervae
9 – Die Basilica Aemilia
10 – Das Caesarforum
11 – Der Tempel der Venus Genetrix
12 – Die Kurie
13 – Der Bogen des Septimius Severus
14 – Der Concordiatempel
15 – *Das Tabularium*
16 – Der Tempel des Vespasian und des Titus
17 – Der Saturntempel
18 – Das Forum Romanum
19 – Die Basilica Iulia
20 – Der Dioskurentempel
21 – Der Tempel des vergöttlichten Caesar (Divus Iulius)
22 – Der Tempel des Antoninus Pius und der Faustina
23 – Der Vestatempel
24 – Das Haus der Vestalinnen
25 – Der Tempel des Divus Romulus
26 – Die Maxentiusbasilika
27 – Der Tempel der Venus und der Roma

die mit Halbsäulen und Nischen für Statuen geschmückt waren.
Durch diese beiden neuen Foren erfuhr das monumentale und administrative Zentrum Roms eine angemessene Erweiterung, die mit der von Kaiser Vespasian in der Nähe des Augustusforums vorgenommenen Errichtung des Friedenstempels zu Ehren des Sieges über die Juden im Kriege zwischen 71 und 75 n.Chr., in dem die Beute aus dem Jerusalemmer Tempel aufbewahrt wurde, dem ganzen Komplex der Foren eine gewisse Kontinuierlichkeit verlieh. Tatsächlich unterschied sich der **Friedenstempel** kaum von einem Forum, da vor ihm ein freier, weiter rechteckiger Platz mit Gärten und einer sich über drei Seiten hinziehenden Portikus lag. Als später der Kaiser Domitian das kleine, zwischen dem Augustusforum und dem Friedenstempel verbliebene Gelände nutzte, um ein neues Forum zu schaffen, (dieses wurde das **Forum des Nerva**, der es im Jahre

Das Trajansforum: die Basilica Ulpia mit der Trajanssäule

Das Trajansforum: zeichnerische Rekonstruktion der Basilica Ulpia und Die Trajanssäule

97 n.Chr. einweihte, oder auch seiner Funktion als Verbindung zwischen den einzelnen Foren wegen das ***Forum Transitorium*** genannt) waren alle Probleme der Kontinuierlichkeit und der direkten Verbindung gelöst und ein einziger organischer Komplex geschaffen.
Dennoch wurde zwischen 107 und 112 n.Chr. durch den Kaiser Trajan, der den Bau dem berühmten Architekten

Büste des Kaisers Trajan (Ankara, Archäologisches Museum)

Fries mit Viktorien aus dem Mittelschiff der Basilica Ulpia

Apollodorus von Damaskus übertrug, noch ein Forum hinzugefügt. Da der zur Verfügung stehende freie Platz sehr klein war, wurde, um dieses Forum errichten zu können, sogar ein Hügel (derjenige, der den Quirinal mit dem Kapitol verband) abgetragen sowie Häuser und Monumente

Die Trajanssäule, Detail des Säulenschafts

Forum Transitorium, süd-östliche Wand: die sog. "Colonnacce"

von einigem Wert zerstört. Dadurch wurde allerdings eine Verbindung zwischen dem Verwaltungszentrum und der alten sowie auch der “neuen” Stadt, die auf dem Marsfeld entstanden war, geschaffen.

Die Trajansmärkte, mittlere Aula

Das 300 m lange und 185 m breite **Trajansforum** war das letzte aber auch das herrlichste und spektakulärste aller Kaiserforen. Es umfaßte auch die nach dem Kaiser "Ulpia" genannte Basilika, die Bibliotheken und die herrliche Gedenksäule.
Noch heute berichtet eine Inschrift auf dem Säulensockel, daß ihre Höhe von 40 m derjenigen des Hügels entspricht, der an dieser Stelle abgetragen wurde.

DAS CAESARFORUM

In Basalt ausgeführtes Porträt von C. Julius Caesar (Berlin, Staatliche Museen)

Als Caesar beschloß, sein neues Forum zu bauen, hatte er viele Probleme zu lösen. Außer dem Ankauf des Bodens und der Niederreißung zahlreicher Privathäuser in der von ihm gewählten Zone mußten mit dem Abtragen der Ausläufer des kapitolinischen Hügels auch umfassende Erdarbeiten vorgenommen und sogar die Kurie des Senats mit den angrenzenden Gebäuden verlegt werden. Die hohen Kosten für alle diese Arbeiten (nur für den Kauf des Bodens waren 100 Millionen Sesterzen nötig) konnte der Diktator aus der Beute des siegreichen Krieges in Gallien bestreiten.
Besondere Sorgfalt wurde dem wichtigsten Denkmal des Forums zuteil: dem **Tempel der Venus Genetrix**, den Caesar am Vorabend der Schlacht von Pharsalos gegen den Rivalen Pompejus der Göttin gelobt hatte. Venus wurde als göttliche Stammutter des Geschlechtes betrachtet, dem Caesar angehörte, da aus ihm Aeneas geboren wurde, der

C·IVLIVS·CAESAR·IMP·DICT·FECIT

aus Troja flüchtete und nach dem Sieg über den König Turnus in Latium an Land ging. Dann heiratete er Lavinia, die Tochter des Königs Latinus, die ihm Iulus gebar, den Stammvater der Iulier.
Der Tempel wurde am 26. September des Jahres 46 v.Chr. geweiht und enthielt zahlreiche Kunstwerke, u.a. zwei Bilder von Timomachos von Byzanz, die Caesar für achtzig Talente gekauft hatte, sechs Sammlungen geschnittener Gemmen und einen aus Britannien mitgebrachten gemmengeschmückten Küraß. Außerdem befanden sich dort eine Statue Caesars und eine der Kleopatra.
Die von dem griechischen Bildhauer Arkesilaos geschaffene Kultstatue stellte Venus dar mit einem Amor auf der Schulter und einem Kind auf dem Arm. Sie war in der Apsis aufgestellt, die sich im Hintergrund der Cella des Tempels befand.

DAS AUGUSTUSFORUM

Den Beschluß, ein neues Forum zu bauen, faßte Augustus am Vorabend der Schlacht von Philippi gegen die Caesarmörder Brutus und Cassius im Jahr 42 v.Chr. mit einem Gelöbnis an Mars. Der **Tempel für Mars Ultor**, den "Rächer", das wichtigste Gebäude des Forums, wurde jedoch erst vierzig Jahre später geweiht.
Aus Carrara-Marmor erbaut, hatte er acht Frontsäulen und ebenso viele an den Seiten, während den Giebel ein großes Hochrelief schmückte. In dessen Mitte stand der sich auf eine Lanze stützende Mars, neben ihm Venus mit einem Eroten und Fortuna. Rechts folgten Mars die Göttin Roma und die Personifizierung des Tibers. Links von Venus war Romulus dargestellt, wie er aus dem Vogelflug Prophezeiungen herausliest und die Personifizierung des Palatins.
In der Cella des Tempels wurden Caesars Schwert und die Crassus von den Parthern abge-

nommen Legionsinsignien, deren Rückgabe Augustus erreicht hatte, aufbewahrt.
Das ganze Forum diente der Verherrlichung des Kaisers in seiner Rolle als Wiederhersteller der Tradition und der Weiterführung der historischen Entwicklung Roms im Rahmen einer "Vorsehung" und damit von den Göttern gewollt, die ihn beschützten. Deswegen war eine große Zahl von Statuen, welche Heroen und große Persönlichkeiten darstellten, in der Exedra und unter den Portiken aufgestellt worden: Aeneas und sein Sohn Iulus, Romulus, die Könige Alba Longas und die größten Geisterder Republik (*summi viri*). In der Mitte des Tempelvorplatzes befand sich die Statue des Augustus auf dem Triumphwagen.
Noch eine andere, 14 m hohe Kaiserstatue wurde später in einem prächtig dekorierten Saal aufgestellt, der sich im Hintergrund der Portikus links vom Tempel befand und, wie dieser, gegen die große Mauer gestützt war, die das Forum von der Suburra trennte.

Porträtstatue des Kaisers Augustus, gefunden in Prima Porta (Vatikanische Museen)

DER PALATIN

Der Palatin stellte für die Römer immer den heiligen Ort dar, an dem die Stadt entstanden war. Auf diesem gesondert aufragenden Hügel in beherrschender Lage über dem Tiber in der Nähe der Tiberinsel und des Marktes auf dem Forum Boarium hatten die Alten in ihrer Phantasie die legendäre "Gründung" Roms mit der "quadratischen Furche" angesiedelt, die Romulus am 20. April des Jahres 754/53 v.Chr. dort gezogen hatte. Doch die Phantasie deckte sich mit dem wirklichen historischen Ereignis, da die Archäologen auf dem Palatin Reste von Hütten aus der frühen Eisenzeit freigelegt haben, die unzweifelhaft das Vorhandensein einer Siedlung an dieser Stelle bestätigen, wo die Überlieferung die "*casa Romuli*" des mythischen Stadtgründers sehen wollte.

Es handelte sich bestimmt um eins der Dörfer, das bedeutendste wohl, aus denen dann Rom als wirklicher städtischer Organismus entstand.

Die Geschichte des Palatins in den ersten Jahrhunderten ist ziemlich unbekannt. Abgesehen von den **drei Tempeln der Victoria, des Jupiter Stator und der *Magna Mater*** wurde kein öffentliches Gebäude dort errichtet. Im Gegenteil, vor allem in den beiden letzten Jahrhunderten der Republik entstanden hier private Wohnsitze und Stadtvillen reicher und berühmter Persönlichkeiten.

Im Jahr 44 v.Chr. beschloß auch Augustus, seinen Wohnsitz auf den Palatin zu verlegen und Apollo einen Tempel zu bauen, der 28 v.Chr. geweiht wurde. Seit dieser Zeit wohnten fast alle Kaiser auf dem Palatin, der sich nach und nach in einen prunkvollen fürstlichen Wohnsitz verwandelte. Der Palatin wurde zum *Palatium*, wie der Komplex nach dem Namen des Hügels genannt wurde.

Palatin, Domus Augustana: Innenhof mit Brunnen und Dekorationsmotiv in Form von vier "pelte" (Schilde der Amazonen)

Den ersten wirklichen Kaiserpalast ließ Tiberius bauen. Caligula vergrößerte ihn und schob seine Bauteile soweit vor, daß sie auf das Forum Romanum hinuntersahen. Claudius und Nero ließen zwischen 41 und 64 die sog. ***Domus Transitoria*** errichten, die in der großen Feuersbrunst des Jahres 64 abbrannte, ohne wiederaufgebaut zu werden. Domitian ließ zwischen 81 und 92 auf ihren Resten und allen noch unbebaut gebliebenen Zonen den endgültigen Palast errichten.
Der Bau Domitians, ***Domus Augustana***, d.h. "Haus des

Ansicht der Nordhänge des Palatins: Gebäude und Läden aus der Zeit Neros und Arkaden der Domus Tiberiana

Kaisers" genannt, bestand aus dem Repräsentationspalast und dem privaten Wohnsitz, einem großen Stadion oder Hippodrom und einem Thermenbau. Auf den Abhängen des Hügels zogen sich bis hinauf zu seinem Gipfel Atrien und Treppen, Peristyle und Säle, Portiken, Terrassen und Brunnen hin, die zu der großen *domus* gehörten. "Sie war eins der schönsten Dinge der Welt", wie der Dichter Martial schrieb, "ein gewaltiges Bauwerk, sozusagen aus sieben Bergen zusammengesetzt, die sich einer über dem anderen bis in den Himmel erhoben". Septimius Severus ließ, zwischen dem Ende des 2. und dem Anfang des

3. Jh. den Hügel auf einer beachtlichen Höhe künstlich nach Süden verlängern, bis er mit einer Serie von zweistöckigen Arkaden in der Höhe von 20-30 m die Sitzreihen des darunter liegenden Circus Maximus erreichte. Derselbe Septimius Severus ließ zu Füßen des Hügels das berühmte ***Septizodium*** errichten, das ein einzigartiger architektonischer Prospekt von mehreren Stockwerken war, reich mit Säulen, Nischen und Statuen geschmückt. Wahrscheinlich belebten den Bau, den die von der Via Appia und durch die Porta Capena in der alten republikanischen Mauer nach Rom Kommenden bewunderten, Wasserspiele wie in einem Nymphäum.
Nach Septimius Severus wurden mit Ausnahme eines großen Tempels, den Elagabal im 3. Jahr-

Wanddekoration der sog. "Casa di Livia" auf dem Palatin

hundert auf einer zum Teil künstlich aufgeführten Terrasse in der gegen das Kolosseum gerichteten Ecke erbauen ließ, keine bedeutenden Arbeiten mehr auf dem Palatin ausgeführt. Im Gegenteil: zu Anfang des 4. Jahrhunderts war Diokletian der erste Kaiser, der

Palatin, Palast des Domitian: das sog. Stadion

nicht mehr dort wohnte. Mit der Verlegung der Hauptstadt des Reiches nach Byzanz wurde der Palatin endgültig verlassen.

Domus Flavia, westliches Nymphäum: elliptischer Brunnen mit Nischen

Stadion auf dem Palatin, Detail der nördlichen Portikus

DIE DOMUS AUREA

Im Jahre 64 n.Chr. zerstörte ein großer Brand, der im Gebiet des Zirkus Maximus entstand und sich bis zum Gipfel des Esquilin ausbreitete, den größten Teil des Zentrums von Rom. Wenn auch die Überlieferung, die den Kaiser Nero für den Brand verantwortlich macht, nur das Resultat seines schlechten Leumunds ist, so ist doch sicher, daß die durch das Feuer entstandenen Zerstörungen die Verwirklichung der größten ***Domus***, die jemals gebaut wurde, erleichterte. Diese bekam, der Fülle ihrer Dekoration und des Reichtums ihrer Gebäude wegen den Namen ***Aurea***. Die beauftragten Architekten dieses Palastes, *Severus* und *Celer*, benutzten Pläne eines typischen römischen Landhauses für ein Gebäude mitten im Zentrum der Stadt, sodaß die *Domus* – wie der Historiker Tacitus (2. Jh. n.Chr.) sagt – die Verwunderung der Zeitgenossen nicht so sehr wegen des edlen Materials, das schon im alten Palast verwandt wurde, hervorrief, sondern vielmehr wegen des Vorhandenseins von Wäldern, Weiden und Seen, von denen sich der größte an der Stelle befand, an der heute das Kolosseum steht. Die Gebäude verteilten sich über ein weites Gebiet, das vom Palatin über den Opius bis zu den Hängen des Caelius reichte. Suetonius, der die Biographien der ersten zwölf Kaiser geschrieben hat, erzählt, daß der Vorhof des Palastes aus einer dreifachen,

Domus Aurea, Detail des Bildes mit Darstellung des Achill am Hofe des Königs Lykomedes, im Palast bei Skyros (Saal Nr. 119)

tausend Schritt (1500 m) langen Portikus bestand und den Koloß, eine 120 Fuß (35 m) hohe Statue des Kaiser Neros, enthielt. Für die inneren Dekorationen waren die edelsten Materiale verwandt worden: ganz allgemein war der Gebrauch von Gold und Elfenbein, während die gemalten Blumen oft mit Edelsteinen gefaß waren.

Die Decken der für die Bankette gedachten Säle waren aus beweglichen, elfenbeinernen Paneelen, sodaß man von oben Blumen und Düfte auf die Eingeladenen fallen lassen konnte. Die Wandmalereien, die dem Maler *Fabullus* in Auftrag gegeben wurden, waren von

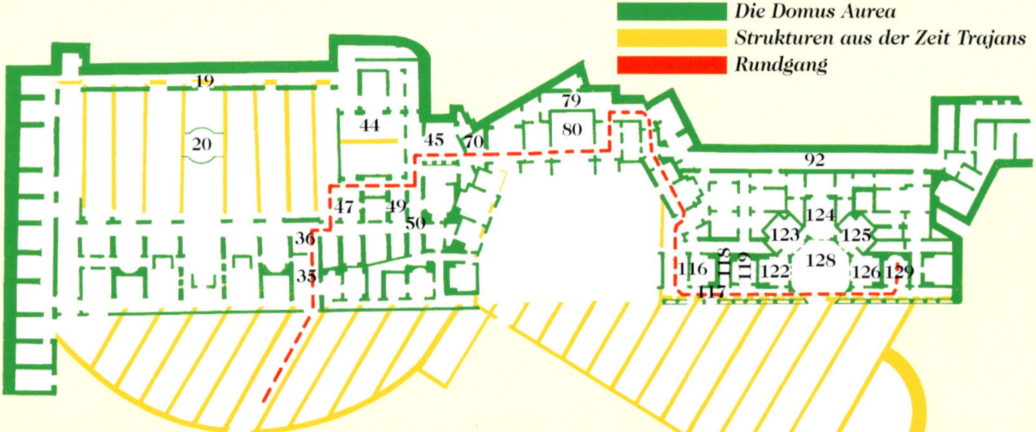

19	Kryptoportikus im westlichen Flügel	92	Kryptoportikus im östlichen Flügel
20	Peristilium	116-117-118	Räume des östlichen Flügels
36-35-47-49	Räume des westlichen Flügels	122-123-125-126	Säle mit rechteckigem und kreuzförmigen Grundriß, die sich auf den achtseitigen Saal öffnen
50	Sog. Flur "der Adler"		
44-45	Nymphäum des Odysseus und Polyphems	119	Achilles Saal
70	Saal mit unechten Fenstern	124	Nymphäum
79	Flur	128	Achtseitiger Saal
80	Saal der goldenen Decke	129	Hektor und Andromache Saal

reichem und prunkhaften Stil, in dem figürliche Bilder mit phantasievollen geometrischen an erfundenen pflanzlichen und figürlichen Elementen reichen Mustern, umrahmt waren. Von diesem prunkvollen Wohnsitz kennen wir hauptsächlich den Pavillon auf dem Opius, der terrassenförmig gegen das Tal hin, in dem später das Kolosseum errichtet werden sollte, angelegt war. Der Pavillon war in drei Hauptgebäude gegliedert, von denen die beiden seitlichen die traditionelle Form des Hauses mit peristilium, welches seine Räume und Säle um einen mit einer Portikus versehenen Garten verteilt, besaßen, während sich der zentrale Bau, der von den Seitengebäuden durch weitläufige fünfseitige Gärten getrennt war, um eine achtseitige Aula entwickelte, in deren Gewölbe sich ein von Pilastern gestützter runder Lichtschacht öffnete. An den acht Seiten der Aula lagen rechteckige Räume, von denen aus der Blick auf das Zentrum der Aula selbst fiel, wo das Licht eine Statue beleuchtete und dabei besondere Lichtspiele hervorrief. Es handelt sich hier sicherlich um einen der Säle für Bankette, vielleicht sogar um den Hauptsaal, der, wie Suetonius sagt, sich wie die Erde stän-

Münze mit Porträt des Nero

Domus Aurea, Nische mit Darstellung eines Fensters

dig um sich selber drehte.
Nach Neros Tod im Jahre 68 n.Chr. gaben die nachfolgenden Kaiser große Teile der *Domus Aurea* an die Stadt zurück. So konnten auf diesem Gelände öffentliche Gebäude wie das Kolosseum mit all seinen Nebengebäuden (z.B. die Kaserne für das Training der Gladiatoren, das Hospital der Gladiatoren und das Lager der bei den Spielen verwendeten Maschinen), die öffentlichen von Titus gebauten Thermen und die staatliche Münze (*Moneta*) entstehen. Als letztes wurde gerade der Pavillon auf dem Opius zerstört, indem man ihn all seines wiederverwendtbaren und edlen Baumaterials beraubte und zur Errichtung der Trajansthermen zuschüttete.

Domus Aurea, fliegende Figuren auf der Decke des sog. Saales von Hektor und Andromache (Nr. 129)

DER CIRCUS MAXIMUS

Der Überlieferung zufolge wurde der **Circus Maximus** von König Tarquinius Priscus an der Stelle erbaut, wo der legendäre "Raub der Sabinerinnen" stattgefunden haben soll. Er war den Wagenrennen vorbehalten und kann als das größte Bauwerk aller Zeiten für Veranstaltungen dieser Art betrachtet werden. In seiner größten Ausdehnung während der Kaiserzeit maß er etwa 600 m in der Länge und 200 m in der Breite und konnte bis zu 300.000 Zuschauern Platz bieten.

Der letzte vollständige Wiederaufbau erfolgte unter Trajan zu Anfang des 2. Jahrhunderts. Von Caracalla vergrößert und von Konstantin restauriert, schmückte Konstans II. im Jahr 357 den Zirkus mit einem Obelisken des Pharaos Thutmosis III. aus Ägypten. Damit gesellte er sich dem anderen Obelisken von Ramses II. zu, dem schon Augustus in der Mitte der "*spina*" seinen Platz gegeben hatte. Diese *spina* teilte die Arena in zwei Abschnitte und wurde von den Wagen in meistens sieben Runden umfahren.

In der Horizontalen waren die Sitzreihen in drei Sektoren geteilt und an der Seite des Palastes durch die große "Kaiserloge" unterbrochen, die mit den Palästen auf dem Abhang des Hügels verbunden war. Ein Teil der oben befindlichen Plätze muß jedoch durch Holztribünen gestützt gewesen sein, da das häufige

Einstürzen den Tod Tausender von Zuschauern hervorrief (1.112 unter Antoninus Pius und unter Diokletian sogar 13.000). Der Circus Maximus wurde lange benutzt. Trotz der

Mosaik mit Pferden und Reitern: die Pferde stellen die 4 Faktionen des Zirkus dar (Sousse-Tunesien)

Verbote und Ermahnungen der Kirche (unter den Bögen, welche die Sitzreihen trugen, hatten Prostituierte und allerlei Gesindel Unterschlupf gefunden) wurden noch im 5. Jahrhundert Wettkämpfe ausgetragen und das letzte Rennen fand 549 unter dem Gotenkönig Totila statt. Dann blieb der Zirkus unbenutzt und war dem systematischen Marmorraub preisgegeben, womit auch die Verschüttung ihren Anfang nahm. Die beiden umgestürzten Obelisken ließ Papst Sixtus V. 1588 auf der Piazza del Popolo und vor der Kirche San Giovanni in Laterano aufstellen, wo sie sich noch immer befinden.

Der Zirkus und die Zuschauer (Tunis, Bardomuseum)

Der Konsul zwischen den Faktionen des Zirkus. Rom, Basilika des Junius Bassus

DAS MARCELLUS THEATER

In Rom wurden während der republikanischen Zeit erst sehr spät feste Theaterbauten errichtet, weil die jener Epoche eigene Sittenstrenge in den Vorführungen eine Gefährdung der öffentlichen Moral sah. Erst in der ausgehenden Republik wagte Pompejus, das erste feste Theater aus Stein zu erbauen anstelle der provisorisch aufgerichteten hölzernen Tribünen, die nach jeder Vorstellung abgerissen wurden.
Einige Jahrzehnte später folgten das **Theater des Balbus** und **das des Marcellus**, aber nur dieses ist zwischen Kapitol und Tiber noch heute sichtbar. Es wurde von Caesar begonnen und von Augustus 11 v. Chr. vollendet, der es dem Andenken des Neffen und Erben Marcellus widmete.
Das Theater hatte einen Durchmesser von 130 m und eine Höhe von 30 m mit einem Fassungsvermögen von 15.000 Plätzen. Seine bemerkenswerten Reste sind der im Mittelalter erfolgten Nutzung als "Burg" seitens der römischen Baronalfamilien zu verdanken. Im 16. Jahrhundert baute Baldassarre Peruzzi das Theater für die Caetani in einen Palast um.
Für die Ortswahl war die Nähe des **Apollotempels** bestimmend gewesen, weil seit ältester Zeit zu Ehren dieses Gottes besondere Feste gefeiert wurden,

welche auch die Aufführung von Bühnenstücken umfaßten. Der Bau des ursprünglichen Tempels begann im Jahr 431 v. Chr., als auf Grund eines während einer schweren Pestepidemie abgelegten Gelöbnisses in Rom der Kult des Apollus "*medicus*" eingeführt wurde. Im Jahr 36 v. Chr. ließ der Konsul Gaius Sosius den Tempel wiederaufbauen, der seit jener Zeit den Beinamen "Sosianus" trug. Er war mit sehr feinen Reliefs und Plastiken geschmückt und besaß auf seinem dreieckigen Giebelfeld eine griechische Skulpturengruppe aus dem 5. Jahrhundert v. Chr., die eine Amazonenschlacht darstellte. Neben diesem Tempel stand ein anderer, dessen Zuschreibung noch immer ungeklärt ist. Wahrscheinlich wurde er 296 v. Chr. von Appius Claudius Caecus errichtet, der wenige Jahre zuvor die Via Appia bauen ließ, und war der Bellona geweiht.

Säulen vom Tempel des Apollus Sosianus

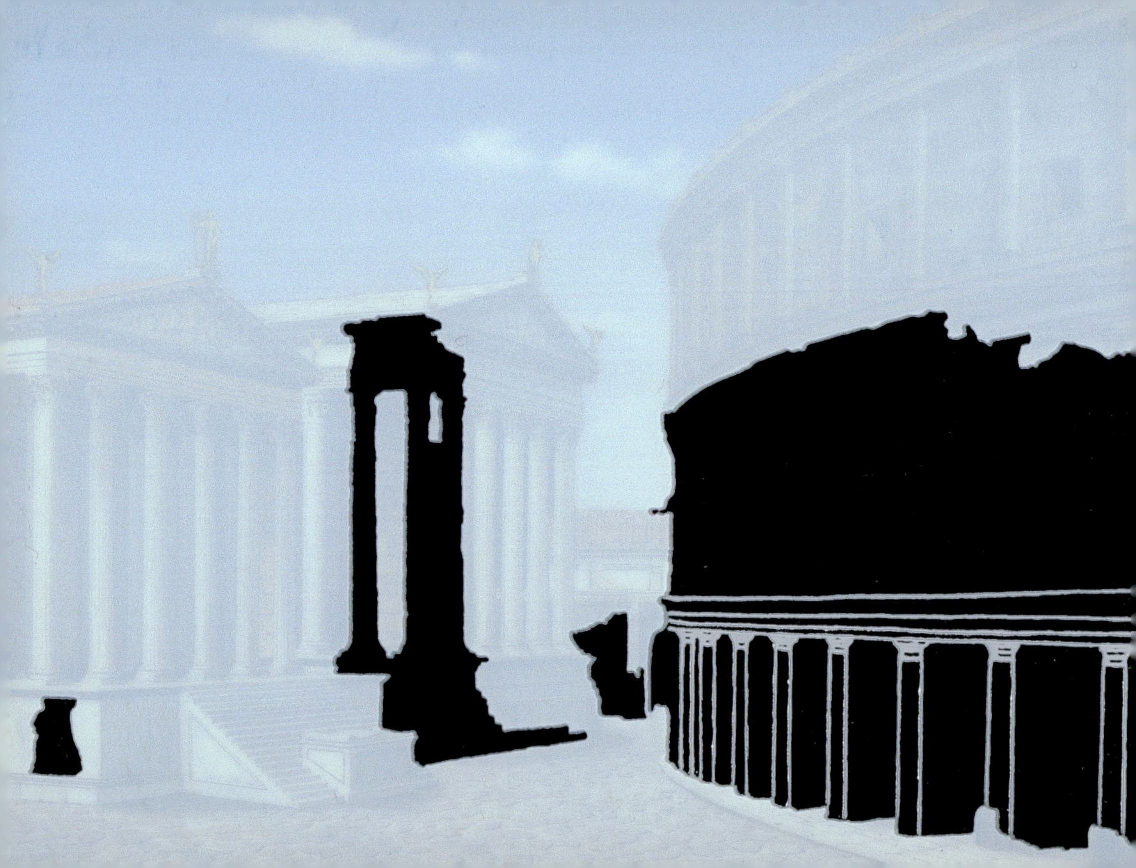

Porträt des Agrippa, Freund und Schwager des Augustus, dem der erste Bau des Pantheons zu verdanken ist

Pantheon, der Innenraum

DAS PANTHEON

Marcus Vipsanius Agrippa ließ in den Jahren zwischen 27 und 25 v.Chr. einen allen Göttern des Olymps geweihten Tempel erbauen, der sich deshalb nach dem griechischen Wort für die Gesamtheit der Götter **Pantheon** nannte. Jedoch ist der Bau, den wir heute sehen, nicht mehr jener ursprüngliche, sondern das in seiner wesentlichen Bausubstanz unversehrte Pantheon, das Hadrian zwischen 118 und 125 vollständig wiederaufbauen ließ, nachdem im Jahr 80 ein Schadenfeuer den Tempel des Agrippa völlig zerstört hatte. Ganz anders als der Vorgängerbau bekam das neue Pantheon eine Rundform. Es besteht aus einer Aula, die von einem riesigen halbkugelförmigen Gewölbe überspannt ist. Der Durchmesser der Aula und auch der Kuppel beträgt 43,30 m und entspricht somit der Höhe des Bauwerks, das in seinem Innenraum eine ganze Kugel aufnehmen könnte. Außen ist der "Rotunde" ein traditionell empfundenes Pronaos mit sechzehn monolithischen Säulen aus ägyptischem Granit vorgelegt. Darüber befindet sich der Architrav mit der Inschrift in Bronzelettern (modern, aber genau in die antiken Vertiefungen eingefügt), mit der Hadrian in seinem dritten Konsulat des "Tempelerbauers"

Agrippa gedenken wollte. Den Giebel über dem Architrav schmückte ein Hochrelief aus vergoldeter Bronze und auch die Balkendecke des Pronaos war mit diesem Material verkleidet. Papst Urban VIII. ließ die Bronze abnehmen, die Bernini dazu benutzte, den großen Baldachin der Confessio in der Peterskirche zu gießen.

Den Innenraum des Pantheons schmücken u.a. monolithische Säulen aus gelbem und geflammten Marmor. Mit Ausnahme der hinzugefügten Statuen und modernen Altäre hat das Gebäude sein antikes Aussehen in einer eindrucksvollen Weise bewahrt. Dieser hervorragende Erhaltungszustand geht auf die Verwandlung des Tempels in eine Kirche zurück, die Bonifaz IV. vornahm, nachdem der byzantinische Kaiser Phokas ihm 608 das Pantheon geschenkt hatte.

Die große halbkugelförmige Kuppel des Pantheons

M·AGRIPPA·L·F·COS·TERTIVM·FECIT

DAS MAUSOLEUM HADRIANS

Nach dem Vorbild des Augustus, der sich auf dem Marsfeld ein Mausoleum hatte erbauen lassen, ließ fast anderthalb Jahrhunderte danach Kaiser Hadrian für sich und seine Nachfolger eine neue monumentale Grabstätte errichten. Das **Mausoleum Hadrians** nicht unweit von dem des Augustus erhob sich auf dem rechten Tiberufer. Mit dem Bau wurde im Jahr 130 begonnen. Das Mausoleum bestand aus dem mächtigen Körper eines 21 m hohen Zylinders mit einem Durchmesser von 64 m, der eine viereckige Einfriedung erhielt, die ganz mit Marmor verkleidet war. Ein Tumulus aus Erde, auf dem Zypressen und andere Pflanzen wuchsen, bekrönte wahrscheinlich das Grabmal, auf dessen höchstem Punkt sich die große Quadriga aus vergoldeter Bronze mit der Statue des Kaisers erhob.

Hadrian wurde im Mausoleum ein Jahr nach seinem Tode, d.h. 139, beigesetzt, als Antoninus Pius das große Werk fertiggestellt hatte. Nach ihm fanden hier außer vielen anderen Mitgliedern des Kaiserhauses alle Kaiser bis zu Caracalla ihre letzte Ruhestätte, der hier 217 begraben wurde.

Um den Zugang zum Mausoleum vom Marsfeld her zu erleichtern, ließ Hadrian eine neue Brücke über den Tiber bauen, die nach dem Namen seiner Familie **Pons Aelius**

genannt wurde. Sie war unzerstört in der heutigen Engelsbrücke enthalten bis zum Ende des vorigen Jahrhunderts, als der Pons Aelius beschädigt und an beiden Brückenköpfen umgebaut wurde, so daß nur die drei Mittelarkaden so blieben, wie man sie zwischen 130 und 134 erbaut hatte.

Honorius ließ das Mausoleum Anfang des 5. Jahrhunderts als eine Art vorgeschobener Bastion in den Verteidigungsring der Aurelianischen Mauern einbeziehen. Wohl nach dem 10. Jahrhundert wurde es in eine Festung (**Castel Sant'Angelo**), zur Verteidigung der Vatikanischen Paläste umgebaut, zu denen ein besonderer Gang die Verbindung herstellte.

Luftbild von der Engelsburg und der Engelsbrücke

Mausoleum Hadrians, Rekonstruktion

Blick auf die Tiberinsel mit den Resten des Pons Aemilius (sog. Ponte Rotto)

DIE TIBERINSEL

Der Überlieferung zufolge soll die **Tiberinsel** entstanden sein, als das Volk Tarquinius den Hochmütigen verjagte und die auf dem Marsfeld geplünderten Kornährenbündel, die dem fliehenden König gehört hatten, in den Tiber warf. In Wirklichkeit war die Insel sehr viel früher auf natürliche Weise entstanden an einer Stelle, wo sich das Flußbett verbreiterte und die Strömung geringer wurde.

Die Insel hatte eine außerordentliche Bedeutung, weil sie den Flußübergang erleichterte und die Weiterführung der Strassen ermöglichte, die den Norden der tyrrhenischen Küste mit dem Süden verbanden. Damit wurde die Insel zu einem strategischen Punkt und, neben anderen Faktoren, bestimmend für die Entstehung Roms.

Den Fluß hatte eine große Mauer eingedämmt und der Insel eine Form gegeben, die einem Schiff glich. Ein kleiner Obelisk ragte wie ein "Mast" in der Mitte auf und unterstrich damit noch diese Ähnlichkeit.

Nach dem Ende einer schweren Pestilenz wu e hier im Jahr 291 v. Chr. **Aesculap, dem Gott der Medizin ein Tempel erbaut**. Seit jener Zeit besaß die Insel einen vorwiegend heiligen Charakter, der mit dem Kult und den Heilpraktiken in Verbindung stand. Zu dem Tempel gehörten Portiken und andere Gebäude, wo die kranken Pilger in Erwartung einer Wunderheilung Aufnahme fanden. Es ist singulär, daß die Insel diese Aufgabe bis in unsere Tage beibehalten hat, denn dort befindet sich ein Krankenhaus, das überdies einem religiösen Orden gehört.

Gegen Ende der Republik verbanden zwei Brücken die Tiberinsel direkt mit den beiden Ufern des Flusses. Der zum linken Ufer führende **Pons Fabricius**, der 62 v. Chr. erbaut wurde, ist noch erhalten, während der **Pons Cestius**, 46 v. Chr. erbaut, zum rechten Ufer nach Trastevere führte, aber von den Kaisern Valentinian, Valens und Gratian 370 erneuert und leider gegen Ende des vorigen Jahrhunderts vollständig umgebaut wurde.

Die Schlange des Aesculap, Gott der Medizin, wie sie zur Tiberinsel gelangt

AUF DEN SPUREN DES APOSTELS PETRUS

Legende und Geschichte

Sixtinische Kapelle: die Erschaffung des Menschen

Als am 23. Dezember 1950, im heiligen Jahr, Papst Pius XII. in seiner Weihnachtsbotschaft über den Rundfunk feierlich bekannt gab, daß bei den Grabungen unter der *confessio* der Peterskirche das Grab des hl. Petrus gefunden wurde, zerriß endlich der seit einiger Zeit immer dichter gewordene Schleier der Ungewißheit, welche bisher niemand zu klären gewagt hatte. Diese außergewöhnliche Entdeckung brachte nun die Bestätigung für einen lange geübten Brauch, wonach seit fast zweitausend Jahren das Grab des

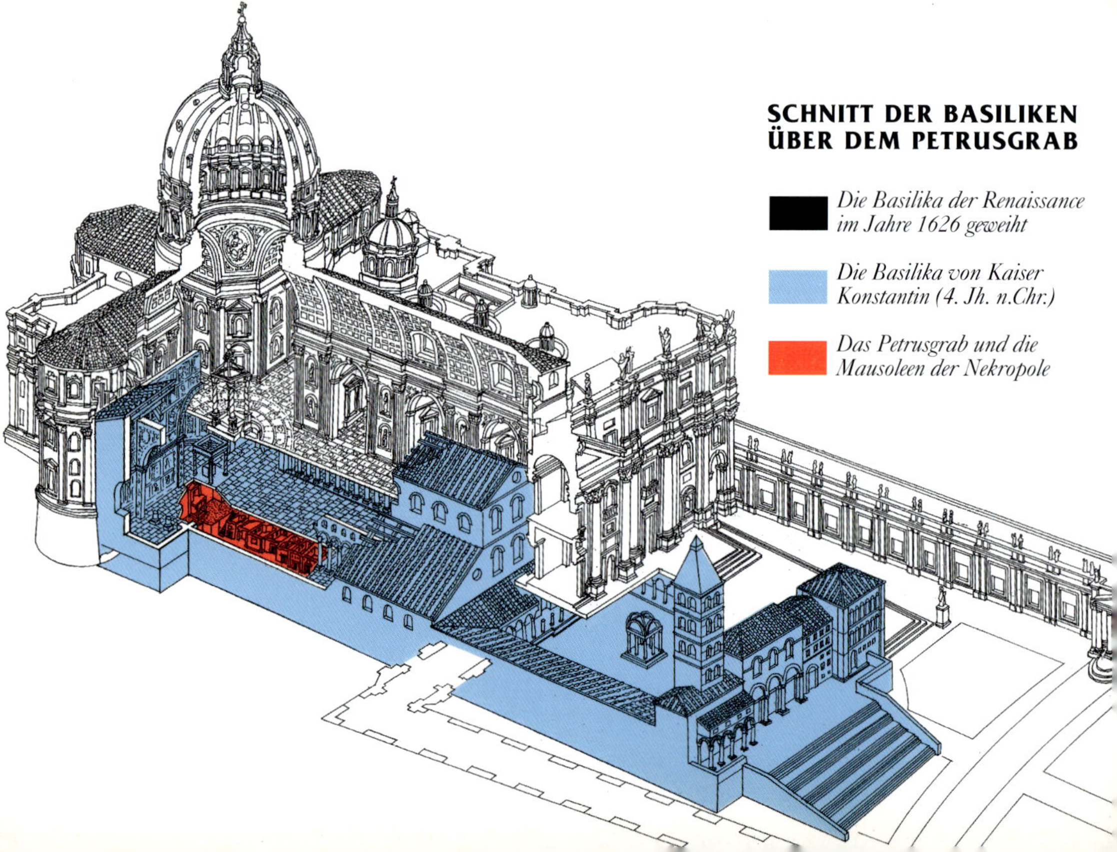
SCHNITT DER BASILIKEN
ÜBER DEM PETRUSGRAB
Die Basilika der Renaissance im Jahre 1626 geweiht
Die Basilika von Kaiser Konstantin (4. Jh. n.Chr.)
Das Petrusgrab und die Mausoleen der Nekropole

Apostelfürsten unter dem Papstaltar verehrt wurde, trotz aller Versuche, nicht nur den Tod und die Bestattung Petri sondern sogar seinen Aufenthalt in der ewigen Stadt zu leugnen. In der Tat gibt es keine sichere Nachricht über das Jahr, in dem Petrus nach Rom kam; unsicher ist die Zeit seines Aufenthalts und das Jahr seines Martyriums. Zwischen den Legenden und den frommen Überlieferungen bezüglich der letzten Taten des irdischen Lebens des Apostels, ist zweifellos diejenige von der wunderbaren Erscheinung Christi auf der Via Appia, als der hl. Petrus im Begriff war, Rom eiligst zu verlassen, um vor der neronischen Verfolgung zu flüchten. Zusammengefaßt ist sie in der überraschten Frage des Apostels an seinen Herrn "***Domine, quo vadis?***" (Herr, wohin gehst Du?) und in der traurigen Antwort Christi "***Venio iterum crucifigi***" (ich gehe, um noch einmal gekreuzigt zu werden),

Michelangelos Kuppel

worauf sich der hl. Petrus zur Umkehr entschied, bereit, dem Opfertod entgegenzugehen.
An der von der Überlieferung für diese Begegnung bezeichneten Stelle, bei der Kreuzung von Appia und Ardeatina, steht noch heute eine kleine Kirche des 9. Jahrhunderts (Anfang des 17. Jahrhunderts restauriert), die "**Quo Vadis**" heißt. Alle übrigen Legenden beziehen sich auf die Gefangenschaft Petri im mamertinischen Kerker. Die Ketten, mit denen Petrus gefesselt gewesen sein soll, sind in der Basilika von S. Pietro in Vincoli auf dem Esquilin aufgehoben, wo sie sich schon im 5. Jahrhunderts n.Chr. befanden.
Die gesicherten Daten über das Martyrium und die Bestattung haben den Legenden gegenüber Beweiskraft. Als Ort des Martyriums geben die Quellen übereinstimmend die Hänge des vatikanischen Hügels an und zwar nicht weit entfernt vom Zirkus, ***iuxta obeliscum*** (d. h. neben dem Obelisken, dem im Zirkus auffälligsten Denkmal), der von Caligula (37-41) gebaut und von Nero (54-68) beendet wurde. Der Tradition zufolge wurden hier viele Christen unter schrecklichen Qualen getötet, die Nero beschuldigt hatte, den unheilvollen Brand von Rom im Jahr 64 verursacht zu haben. Unter ihnen befand sich der Apostel Petrus, der am nordöstlichen Abhang des Vatikanischen Hügels in einer heidnischen Nekropole begraben wurde, die sich an einer parallel zur östlichen Langseite des Zirkus verlaufenden Gräberstraße in einem den Armen vorbehaltenen Sektor hinzog.
An dieser Straße entstanden seit dem 2. Jahrhundert auch mehrere Mausoleen, von denen einige durch Zweitbelegung zu christlichen Gräbern wurden. Unter den verschiedenen erhaltenen Eigentumstiteln ist das Mausoleum H zu nennen, in dem Petrus angerufen wird, damit er "Christus für die Heiligen bitte, die bei seiner Schwelle begraben waren". Viele dieser Mausoleen lassen einen bemerkenswerten architektonischen Aufwand erkennen und sind mit Malereien, Stuckwerk und Mosaiken ausgeschmückt; oft ent-

Peterskirche, Rekonstruktion der konstantinischen Basilika

IN HONOREM PRINCIPIS APOST PAVLVS V BVRGHESIVS ROMANVS PONT MAX AN MDCXII PONT VII

halten sie auch Sarkophage. Das repräsentativste Gebäude dort ist das Mausoleum M aus dem Anfang des 3. Jahrhunderts n.Chr., in dessen Gewölbe eine Mosaikdekoration Christus auf einem Sonnenwagen, wie Apollo, darstellt.
Das Petrusgrab befindet sich im westlichen Endteil der Nekropole und hatte, wegen der tiefen Verehrung, die der Apostel immer genoß, radikale Veränderungen erfahren. Urspünglich war es nur ein in die nackte Erde eingetieftes Begräbnis, das wahrscheinlich durch eine Bedeckung von Ziegeln geschützt war. Etwa um die Mitte des 2. Jahrhunderts n.Chr. wurde eine Mauer mit rotem Wandverputz gebaut, um das Petrusgrab vor der von den Hängen des vatikanischen Hügels nachrutschenden Erde zu schützen. Wo sich das Grab befand, war die Mauer durch eine Ädikula unterbrochen, die aus zwei übereinanderliegenden Nischen besteht, welche in dieselbe Mauer eingesetzt und von einem Travertinstreifen, den zwei kleine Marmorsäulen tragen, unterteilt sind. Um diese Ädikula fand sich eine große Anzahl von anderen Gräbern, einfache und arme Erdbestattungen, die zwischen dem 2. und dem 4. Jahrhundert datiert werden, als die Christen begannen, die Mausoleen der Nekropole zu benutzen.

DIE KONSTANTINISCHE BASILIKA

In den ersten Jahren des 4. Jahrhunderts ließ Kaiser Konstantin (306-337) den Abhang des Hügels, auf dem sich die Nekropole entwickelt hatte, einebnen, so daß diese bedeckt wurde und ließ hier eine große Basilika zu Ehren des Apostelfürsten errichten.
Die große konstantinische Kirche, die Papst Silvester am 18. November 326 weihte (der Bau begann 324, wurde aber erst 349 vollendet), lag teilweise über dem nördlichen Teil des Zirkus von Caligola und Nero, teilweise über der Nekropole und ließ die Begräbnisstätte des hl. Petrus unversehrt.

Das 85 m x 64 m große Monument hatte fünf Schiffe, ein Querschiff und eine Absis. Vor der Fassade befand sich ein geräumiger von Säulen umgebener Hof, in dessen Mitte es einen Brunnen mit Becken (*cantharus*) für die Waschungen gab. Über dem Grab des hl. Petrus wurde von Konstantin und seiner Mutter Helena ein für seine Schlichtheit beeindruckendes Monument erbaut: ein Marmorkasten mit einem goldenen Kreuz, das von einer *pergula* überdacht war, welche von sechs gewundenen Säulen, die noch erhalten sind, getragen war. Die Säulen sind mit Weinranken, die die Spiralen umwinden, dekoriert. Bernini hat diese aus Griechenland stammenden Säulen in der heutigen Basilika wiederverwandt als Ornament der Loggien der vier riesigen Pilaster, die die Kuppel tragen. In der Mitte der *pergula* hing eine königliche Krone, ein symbolisches Ornament und gleichzeitig Sitz für die Lampen, die die Feiern beleuchteten.
Unter der Krone wurde während der Messe ein mobiler Altar aufgebaut. Nur unter Gregor dem Großen (592-604) bekam die Basilika einen stabilen Altar über das konstantinische Marmormonument,

Bronzestatue des hl. Petrus

welches in eine halbkreisförmige Krypta eingeschlossen wurde. Der Altar Gregor des Großen wurde später in die Altäre von Calixtus II. und Clemens VIII. einbezogen. Es sei daran erinnert, daß zu Weihnachten des Jahres 800 Karl d.Gr. in der Basilika von Papst Leo III. gekrönt wurde. Während des Hochmittelalters entstanden nacheinander in der Nähe Einrichtungen zur Hilfeleistung für die Pilgermassen, die sich aus allen Teilen der christlichen Welt nach Rom begaben, um das Apostelgrab und die letzten Ruhestätten anderer römischer Märtyrer zu verehren.

Im Jahr 846 wurde die Basilika von den Sarazenen geplündert. Nach diesem unheilvollen Ereignis ließ Papst Leo IV. (847-855) eine Wehrmauer um die Kirche und die sie umgebende Zone aufrichten, die außerhalb der Aurelianischen Mauer lag, die sich auf der anderen Seite des Flusses befand. Damit schuf der Papst

Stuhl des hl. Petrus aus vergoldeter Bronze

Rekonstruktion des Mittelschiffes der konstantinischen Basilika

NI CAELORVM ✠ TV ES PETRVS
FIDES
MVNDO

eine befestigte Zitadelle, die man *Civitas Leoniana* nannte.
Im Verauf des 13. Jahrhunderts erhielt der Komplex eine doppelte Funktion, indem er nicht nur Zitadelle war, sondern, mit dem Lateran abwechselnd, auch zur Residenz des Bischofs von Rom wurde. Man fügte einige Säle an (darunter die Cappella Palatina, wo später die Sixtinische Kapelle entstand), sowie Loggien und Gärten, und zwischen dem Palast und der Engelsburg entstand auf den Mauern Leos ein gedeckter Gang, der sog. Passetto. Nachdem die Basilika mehrere Male restauriert und erweitert worden war, drohte sie einzustürzen. Aus diesem Grunde gab Papst Nikolaus V. Bernardo Rossellino den Auftrag zum Umbau. Doch mit dem Tode des Papstes 1455 wurden alle Arbeiten eingestellt. Die Unterbrechung dauerte bis 1506, als Papst Julius II. Bramante den Auftrag zu einem völligen Neubau erteilte. Der letztere gedachte "ein Pantheon über der Basilika Konstantins zu errichten".

DIE BASILIKA VON MICHELANGELO

Am 18. April 1506 begann Bramante mit dem Neubau der Basilika, für den er das inzwischen in sehr schlechtem Erhaltungszustand befindliche Kirchengebäude Konstantins opferte.
Die Arbeiten an dem riesigen Neubau dauerten mit Verbesserungen, Änderungen der Projekte, Ergänzungen und Veränderungen über hundert Jahre. Berühmte Architekten ließen sie ausführen: nach Bramante Raffael, Giuliano da Sangallo, Baldassare Peruzzi, Antonio da Sangallo der Jüngere, Michelangelo, Vignola, Giacomo Della Porta, Domenico Fontana, Carlo Maderno und Bernini.
Das endgültige Projekt stammt von Michelangelo. Die neue Kirche mit dem Grundiß eines griechischen Kreuzes hatte fünf Schiffe und war größer als die antike, aber kleiner

als die von Bramante geplante. Ihren Mittelpunkt sollte die Kuppel bilden, die sich über dem Petrusgrab erhob.
Die Arbeiten wurden im ersten Viertel des 17. Jahrhunderts unter weiteren Veränderungen der vorliegenden Projekte beendet. Die Kuppel wurde eingewölbt und der einst auf der Mitte der Spina des Zirkus von Caligula stehende Obelisk dorthin gebracht, wo er heute noch steht. Aber Paul V. (1605-1621) kehrte zu der Idee einer Basilika mit dem Grundriß eines lateinischen Kreuzes zurück. Deshalb verlängerte Maderno das Gebäude unter Hinzufügung von drei Kapellen auf jeder Seite, bis die jetzigen Abmessungen erreicht waren, und baute die 1614 fertiggestellte Fassade.
Das Ergebnis war schließlich der stolze, größte Tempel der Christenheit, den Papst Urban VIII. am 18. November 1616 weihte, eintausenddreihundert Jahre nach der ersten Weihe. In der Mitte der Basilika, unter der großartigen Kuppel Michelangelos, die sich als einer

Michelangelos Pietà (Detail)

der schönsten Bauten aller Zeiten bis zu einer Höhe von 132 m erhebt, befindet sich der Papstaltar. Da er über der *Confessio* steht, sich also genau über der Grabstätte Petri erhebt, stellt er Herz und Mitte der Basilika sowie des christlichen Roms dar.
Die Innendekoration im Barockstil der 1626 geweihten neuen Basilika ist ein Werk Berninis. Alexander VII. (1655-1667) ist die Verwirklichung des großen Platzes mit ihren Portiken zu verdanken, dessen halbrunde Arme ursprünglich eine Verlängerung in Richtung der Basilika des Alten und Neuen Borgo darstellten. Ideologisch sollte der Platz das letzte der Kaiserfora, nämlich das "Christliche Forum", darstellen.
Der Innenraum der Petersbasilika hat grandiose Dimensionen und ist mit Kunstwerken angefüllt. Unter ihnen sei vor allem auf den **Bronze-Baldachin über dem Altar** mit seinen Spiralsäulen, die jene des Ziboriums aus dem 6. Jahrhundert wiederholen, hingewiesen. Er ist ein Werk Berninis. Auch der **Stuhl Petri** aus Goldbronze stammt von diesem Künstler und umschließt den hölzernen, mit Elfenbeindekorationen verkleideten antiken Papststuhl. Außerdem sind zu nennen: einige Grabmonumente von Päpsten; die **Bronzestatue Petri**, die als Werk des 5. Jahrhunderts galt, aber tatsächlich aus dem 13. Jahrhundert stammt und Gegenstand der täglichen Verehrung von Gläubigen ist, was die bereits abgewetzten Füße erkennen lassen; die **Marmorgruppe der Pietà**, die der 23-jährige Michelangelo 1498-99 schuf, und die das einzige von ihm signierte Werk ist.
Auf dem Fußboden des Mittelschiffs sind, von der Apsis ausgehend, in der Längsachse – wenn auch mit einigen Irrtümern – die Abmessungen der größten Kirchen der Welt angegeben.
Unter dem Mittelschiff der Basilika dehnen sich **die heiligen Vatikanischen Grotten** mit den Gräbern vieler Päpste und Regierenden aus. Mehrere frühchristliche Sarkophage und verschiedene Architekturelemente stammen noch aus der Konstantinsbasilika.

DIE SIXTINISCHE KAPELLE

"und Gott erschuf den Menschen"

Sixtinische Kapelle,
Wand mit dem Jüngsten Gericht:
Christus als Richter

Sixtinische Kapelle,
Decke: die delphische Sybille

Zwickel: Judith und Holofernes

Inmitten des Vatikans (neben St. Peter und den Palästen, die seit 1377 Sitz des Papstes sind) wurde 1437 unter Sixtus IV. **die Sixtinische Kapelle** errichtet. Sie ist wegen der herrlichen Fresken Michelangelos weltberühmt. Auf der einen Querwand ist das "Jüngste Gericht" und im Tonnengewölbe der Decke die Schöpfungsgeschichte dargestellt. Mittelpunkt dieser Szenen bildet die "Erschaffung des Menschen", den Gott zum Herrn der Welt machte und zu dessen Erlösung er den Menschensohn auf die Erde sandte. Sein erster Stellvertreter wurde, nach göttlichem Gebot, Petrus, der Jünger und Apostel.

Sixtinische Kapelle,
Wand mit dem Jüngsten Gericht: ein Verdammter

Sixtinische Kapelle, Decke: der Prophet Zacharias

REGISTER

Text: **R.A. STACCIOLI**
Graphische Rekonstruktionen: Vision S.r.l.
Umbruch: U. Ulivieri
Umschlaggestaltung: F. Schneider
Photographien:
Vision S.r.l., Soprintendenza Archeologica di Roma, Comune di Roma, Spazio Visivo

PAST & PRESENT®

1. Ausgabe 1959
Neue Ausgabe 2001

Via Livorno, 20 – 00162 Roma – Tel/Fax (39) 06 44292688
E-mail: Vision.srl@stm.it

ISBN 88- 8162-114-2

In Italien gedruckt: Tipolitografica CS - Padova